Bibliografische Information der Deutschen Nationalbibliothek: Die
Deutsche Nationalbibliothek verzeichnet diese Publikation in der
Deutschen Nationalbibliografie; detaillierte bibliografische Daten
sind im Internet über dnb.dnb.de abrufbar.

© 2021 Michael Zerjadtke

Herstellung und Verlag:
BoD – Books on Demand, Norderstedt

ISBN: 978-3-7543-2236-9

Vorwort

Die großen Staatsmonumente Roms, allen voran die Trajanssäule, sind eine wichtige und oft genutzte Quelle zur Rekonstruktion der Ausrüstung der römischen Legionäre. Ein wichtiger Grund hierfür ist sicherlich die hohe Qualität der Darstellungen, die viele Details erkennen lassen, die auf Grabsteinen und anderen provinzialen Monumenten nicht wiedergegeben sind. Allerdings ist die unkritische Nutzung der stadtrömischen Reliefs auch problematisch, da die Bildhauer keinesfalls das Ziel hatten, die Soldaten und Feinde Roms genauso darzustellen, wie sie tatsächlich ausgerüstet waren. Stattdessen scheint nur ein Teil der Ausrüstungselemente der zeitgennössischen Realität entnommen, während andere künstlerisch überformt oder gar gänzlich erfunden sind. Diese Problematik stellt den Fokus der Studie dar.

Das vorliegende Büchlein gibt die unveränderte Version einer Hausarbeit im Fach Alte Geschichte wieder, die im Wintersemester 2006/2007 an der Martin-Luther-Universität Halle-Wittenberg vom Autor eingereicht wurde. Die verwendete Literatur umfasst nur einen Bruchteil der Analysen über den Komplex der römischen Bewaffnung und die Staatsreliefs, doch das ist schmälert die Aussagekraft der Hausarbeit nur bedingt. Der der Fokus auf der genauen Analyse der Soldatendarstellungen selbst lag, ist die Kernaussage der Studie nach wie vor haltbar. Für den Ausdruck und machne Formulierungen bitte ich um Nachsicht, da die Arbeit im zweiten Studienjahr entstanden ist und mittlerweile sicher anders formuliert worden wäre.

Hamburg, Juli 2021

Inhalt

Einleitung

Es gibt eine Anzahl von Arbeiten, die sich mit historischen und baulichen Kontexten stadtrömischer Monumente beschäftigen. Dabei wird der Echtheitsgehalt der Darstellungen oftmals nur summarisch abgehandelt und in den meisten Fällen völlig außer Acht gelassen. Meine Betrachtungen beziehen sich vor allem auf Kleidung, Schutz- und Angriffsbewaffnung des römischen Soldaten in der hohen Kaiserzeit im groben zeitlichen Rahmen von 100 n. Chr. bis 200 n. Chr. Unter dem Begriff „Soldaten" fasse ich einfache Legionäre, Hilfstruppen, Unteroffiziere und Offiziere zusammen. Da jedoch die Einteilung der verschiedenen Dienstgrade innerhalb der Legion in die modernen Kategorien „Unteroffiziere" und „Offiziere" nicht allgemeingültig ist, werde ich alle Dienstgrade über dem *munifex* als „Dienstgrade" bezeichnen und die Führungspersönlichkeiten um die jeweiligen Kaiser als „Stabsoffiziere". Alle Dienstgrade von denen wir nicht wissen in wiefern sie sich optisch vom *munifex* unterschieden, wären nur schwerlich zu identifizieren. Diese habe ich in meinen Betrachtungen außen vor gelassen. Der Schwerpunkt meiner Arbeit liegt daher auf der Ausrüstung der einfachen Legionäre und Hilfstruppen. Für viele Objekte habe ich die lateinischen Namen verwendet um Missverständnisse zu vermeiden. Eine Liste lateinischer Begriffe aus dem römischen Militärwesen findet man in „Die Legionen des Augustus"[1].

Die unvergleichliche Machtstellung Roms innerhalb Europas im 2. JH. war nicht etwa die Frucht einer ausgefeilten Diplomatie, sondern bekanntermaßen das Ergebnis einer aggressiven Eroberungspolitik und die Legionäre waren es, denen das römische Reich größtenteils seine militärischen Erfolge verdankte. Daher kam ihnen in der historischen Betrachtung Roms stets eine besondere Bedeutung zu.

---

[1] Junkelmann, 259-278.

1

Darstellungen von Legionären waren aber bis vor wenigen Jahrzehnten immer vor allem eins: unrealistisch. In Ermangelung von Quellen machte man sich ein fantastisches Bild aus einer Mischung von Mittelalterlichen Rüstungen und Abbildungen auf Monumenten aus römischer Zeit. Später verwendete man nur noch die bildlichen Darstellungen auf Monumenten zur Rekonstruktion soldatischer Ausrüstung. Die Hauptquellen zwischen 100 bis 200 waren vor allem Trajans- und Marcussäule und der Severusbogen in Rom. In den letzten Jahrzehnten jedoch hat sich das Bild des Legionärs durch eine Vielzahl von Funden und Einbeziehung anderer Quellen wie Grabsteine deutlich verändert. Man ist dem historisch korrekten Aussehen eines römischen Legionärs näher denn je. Gestützt auf diese neuen Forschungsergebnisse werde ich im Folgenden versuchen, den Quellenwert von den drei repräsentativen stadtrömischen Monumenten im Bezug auf die Ausrüstung der römischen Soldaten herauszustellen.

Die Trajanssäule

Hintergrund der Trajanssäule und ihre Bedeutung in der früheren Forschung

Nach dem zweiten Krieg gegen die Daker fielen Trajan mit dem Schatz des Decebalus enorme Geldmengen in die Hände[2]. Erst mit diesen Mitteln war es ihm möglich, das Bauvorhaben des Trajansforums zu realisieren. Das Herzstück dieser Anlage war die Trajanssäule, die als Bildträger den Verlauf der Dakerkriege illustrieren und als Grabmonument die sterblichen Überreste des *princeps* aufnehmen sollte[3].

Der etwa 200 m lange, bemerkenswert gut erhaltene Fries der im Mai 113 geweihten Säule[4] ist in zwei Abschnitte unterteilt, die von einer *victoria,* flankiert von zwei *tropaea,* getrennt werden[5]. Der untere Teil des Frieses zeigt den Verlauf des ersten Dakerkrieges und der Obere den des Zweiten. Die Darstellung beschränkt sich dabei weitgehend auf militärische Szenen. Dadurch haben wir eine große Bandbreite von Abbildungen, die uns einen guten Eindruck von Aussehen und Ausrüstung der Legionäre suggerieren. Aber können wir diese Darstellungen wirklich als realistische Zeugnisse sehen?

Als man die ersten ernsthaften Versuche begann, die Ausrüstung der römischen Legionäre zur Zeit Trajans zu rekonstruieren, hatte man noch weit weniger Material zur Verfügung als heute, denn die archäologischen Funde und die experimentelle Archäologie, die uns hilft die antike Technik zu verstehen, standen den Forschern noch nicht zur Verfügung. Man war auf viel weniger Quellen angewiesen,

---

[2] Strobel, 221.
[3] Strobel, 23; Zum baulichen Kontext und Zweck der Trajanssäule siehe: Jordan-Ruwe, 73-84.
[4] Coarelli, Rom, 123.
[5] Coarelli, Taf. 91f.

denen man umso mehr Bedeutung zumaß, so auch der Trajanssäule[6]. Heut zu Tage, da wir eine viel größere Bandbreite an Informationen zur Verfügung haben, können wir ein weit schärferes Bild des trajanischen Legionärs zeichnen. Nichts desto trotz verstehen einige Forscher die Darstellungen auf der Trajanssäule noch immer als mustergültig[7]. Ob ihre Reliefs diesem Anspruch genügen, soll im Folgenden untersucht werden.

Die Figurentypen auf der *columna Traiani*

Auf der Trajanssäule begegnen uns Menschen aus verschiedenen Bereichen der Antiken Welt. Das sind die Römer und ihre direkten Kontrahenten, die Daker, und die Alliierten beider Fraktionen, nämlich Truppen aus dem Osten, also Sarmaten und Palmyrener und Barbaren aus dem Norden[8]. Da es in dieser Arbeit um den Quellenwert des Monumentes in Bezug auf die Ausrüstung des römischen Soldaten geht, werde ich die übrigen Gruppen von Personen nur peripher behandeln.

Betrachtet man die dargestellten römischen *milites* auf der Trajanssäule genauer, kann man schnell verschiedene Typen definieren. Diese habe ich in 4 Gruppen eingeteilt. Die erste Gruppe bilden die Soldaten mit einem aus Spangen bestehenden Oberkörperpanzer[9], der sich wohl ohne Zweifel mit der *lorica segmentata* identifizieren lässt[10], die im 1. JH. im römischen Militär auf kam[11]. Da diese Soldaten das hochrechteckige, gebogene *scutum*

---

[6] So schreibt Couissin: „Pour celle [l'époque] de Trajan nous avont essentiellement la célèbre colonne histoirée et un certain nombre de reliefs…" - Couissin, 356.
[7] Le Bohec, 133.
[8] Strobel, 58 & 148f.
[9] Coarelli, Taf. 13 Mitte.
[10] Bishop, 41, Abb. 14.
[11] Bishop, 85.

tragen, das nur Legionäre und Prätorianer tragen durften[12], werde ich sie im Folgenden als Legionäre bezeichnen.

Die zweite Gruppe trägt eine Oberkörperrüstung, deren Ränder an den Ärmeln und am unteren Rand alternieren[13]. Da diese Truppen an römischer Seite kämpfen, aber anscheinend keine Legionäre sind, werde ich sie als Hilfstruppen bezeichnen.

Gruppe drei beinhaltet den Kaiser selbst, der auf der Säule durch seine portraithaften Züge leicht zu erkennen ist[14], die hohen römischen Offiziere, die die gleiche Tracht tragen wie der *princeps* und die restlichen Dienstgrade, wie a*quiliferi*, s*igniferi*, v*exillarii*, *tubicines* und *cornicines*.

In der vierten Gruppe fasse ich alle anderen römischen Verbündeten zusammen, die im Fries dargestellt sind. Das beinhaltet Bogenschützen aus Palmyra[15] und Leichbewaffnete sowohl zu Fuß[16], als auch beritten[17]. Diese Verbündeten gehörten zwar nicht zur regulären Hilfstruppe[18] und nehmen daher eine Sonderstellung ein, aber die Ausrüstung und Bewaffnung, mit der sie dargestellt sind, soll helfen, den Quellenwert des Frieses zu klären.

Im Folgenden behandele ich die vier Gruppen nach einander.

Legionäre

<u>Brustpanzer</u>

Die Legionäre sind durch ihre weitestgehend einheitliche Ausrüstung leicht auf dem Fries zu erkennen. Dass sie mit der *lorica segmentata*

---

[12] Bishop, 82.
[13] Coarelli, Taf. 37.
[14] Vgl. Coarelli, 37, Abb. 28. & Tafel 25.
[15] Coarelli, Taf. 72f.
[16] Coarelli, Taf. 23.
[17] Coarelli, Taf. 29
[18] Strobel, 149 – 152.

ausgerüstet sind, ist deutlich zu sehen. Aber in wiefern entspricht die Darstellungsweise nun der Realität? An einigen Stellen des Frieses ist der Panzer sehr gut erhalten und kann in seinem Aufbau nachempfunden werden[19]. Die Anatomie der dargestellten *loricae* ist jedoch nicht mit den Funden einiger solcher Panzer vereinbar. Die Front einer Rekonstruktion[20] zeigt erhebliche Unterschiede. Abgesehen davon, dass die Anzahl der Schulterplatten unterschiedlich ist (die Rekonstruktion hat 5 auf jeder Seite, im Relief sind nur je 4 abgebildet) und die größere Breite der obersten Schulterplatte nicht berücksichtigt wurde, ist die dargestellte Art der Fixierung eine völlig andere als am realen Objekt. Die horizontalen Spangen, die den Leib umschließen, erwecken im Fries den Eindruck, als seien sie mit Nieten in den abgerundeten Endstücken an einander befestigt. Die Funde zeigen jedoch, dass die Leibspangen mit Riemen an einander gebunden wurden und außerdem eckige Enden aufzeigen. Die Künstler, die die Soldaten im Relief gearbeitet haben, hatten anscheinend nie zuvor eine *lorica segmentata* aus der Nähe studiert oder die wirklichkeitsgetreue Wiedergabe für unnötig gehalten. Von der eben beschriebenen Form abweichende *loricae* auf der Trajanssäule zeigen, dass es offenbar keine absolut einheitlichen Vorgaben für die Darstellung der Rüstungen gab.

Schild

Das hochrechteckige *scutum* war das ausschlaggebende Detail, weswegen ich diese Gruppe als Legionäre bezeichnet habe. Obwohl die hölzernen Körper der Schilde nur äußerst selten als komplette Objekte gefunden werden[21], sind sie von Größe und Form aus einer Vielzahl von Denkmälern bekannt. Sie bestanden aus mehreren

---

[19] Coarelli, Taf. 42 & 82.
[20] Bishop, 41, Abb. 14.
[21] Bishop, 82.

6

Lagen verleimten Holzes, Messingbeschlägen an den kurzen Seiten und einem metallenen *umbo* hinter dem der waagerechte Haltegriff angebracht war[22]. Die Vorderseite der Schilde war farbig bemalt[23]. Die auf dem Trajansbogen dargestellten *scuti* sind den rekonstruierten Originalen sehr ähnlich und selbst die Bemalung ist im Relief nachemfunden[24]. Das geflügelte Blitzbündel wiederholt das Motiv der *aquila*[25]. Den Künstlern war die Trageweise des *scutum* offenbar bekannt. Eine Darstellung, die das zeigt, taucht im Fries aber nur ein Mal auf[26]. Auch wenn in dieser Szene der Schild oval erscheinen mag, ist doch ein rechteckiges *scutum* gemeint. Die unglückliche Umsetzung ins Relief ist auf das Unverständnis des Künstlers zurück zu führen, eine Biegung in der dritten Dimension zum Säulenkern hin darzustellen. Die übrigen *scuti*, deren Fronten nach außen zeigen, sind korrekt gewölbt. Ansonsten vermied man es konsequent, ein *scutum* von der Rückseite zu zeigen

Gürtel

Allen Legionären gemein ist auch das Tragen des *cingulum militare*[27]. Dieser Gürtel war ein Zeichen des Soldatenstandes und ein Teil der militärischen Tracht[28]. Ursprünglich trug man zwei Gürtel, einen für das Schwert und einen um den *pugio* zu halten. Im 1. Jh. ging man dazu über, nur noch einen Gürtel zu tragen und dafür das Schwert mit einem Riemen zu schultern. Das *cingulum militare* war reich mit Beschlägen verziert, die teils versilbert waren. Einiges deutet darauf hin, dass sie eine Art Kapitalrücklage für den Soldaten

---

[22] Junkelmann, Taf. 58c.
[23] Bishop, 82.
[24] Coarelli, Taf. 18.
[25] v. Domaszewski, RE II.1, s.v. Aquila 11), Stuttgart 1895, 317.
[26] Coarelli, Taf. 82.
[27] Coarelli, Taf. 13.
[28] v. Domaszewski, RE III.2, s.v. Cingulum 2), Stuttgart 1899, 2561.

7

darstellten[29]. Auch wenn diese Hypothese absurd klingen mag, so ist doch der Gürtel in der Tat das am besten geeignete Objekt um das persönliche Kapital zu transportieren, da man ihn außer zum Bade nie ablegen muss. Das Verbot, das *cingulum militare* tragen zu dürfen, stellte eine Schande dar und wurde innerhalb der Legion als Strafe verwendet[30]. Somit sollte klar sein, dass der Soldat im Felde stets seinen Gürtel mit Stolz getragen hat. Dennoch sind auf dem Fries oftmals Legionäre ohne ihr Statussymbol zu sehen[31]. Die dargestellten *cingula* sind reich verziert und haben in der Mitte der Vorderseite die typischen beschlagenen Laschen[32], deren Funktion bisher nicht recht klar ist. Man spekuliert, dass sie nur schmückende Wirkung hatten, da die Schutzwirkung für die Weichteile gleich Null war[33]. Ihre Anzahl variiert im Fries der Trajanssäule zwischen drei und fünf. Auch in der militärischen Sepukralkunst ist deren Zahl auch nicht einheitlich[34]. Archäologisch belegt sind *cingula* mit bis zu acht Lederlaschen[35]. Wenn nun selbst die den Soldaten sehr nah stehenden Steinmetze der Grabsteine schon keine einheitlichen Angaben machen und auch die archäologischen Funde darauf hin deuten, so können wir behaupten, dass es keine festgelegte Anzahl an Lederlaschen am *cingulum* gegeben hat. In einigen Darstellungen sind die metallverzierten Enden der Laschen deutlich zu erkennen[36]. Sie zeigen eine umkehrte Tropfenform und orientieren sich somit an den zeitgenössischen realen Exemplaren[37]. Die Darstellung der verzierten *cingula* auf der Trajanssäule ist, mit Ausnahme der vereinzelten Weglassungen, nahe an der Realität orientiert.

---

[29] Bishop, 96.
[30] v. Domaszewski, RE III.2, s.v. Cingulum 2), Stuttgart 1899, 2561.
[31] Coarelli, Taf. 42, 54, 82, 84, 126.
[32] Coarelli, Taf. 72.
[33] Bishop, 99.
[34] Anderson, Taf. 7; Junkelmann, Taf. 33, 40, 42.
[35] Bishop, 98.
[36] Coarelli, Taf. 13, 19.
[37] Bishop, 99.

Helm

Der *cassis* gehörte zu Standartausrüstung eines jeden Legionärs. Im Fries gibt es viele Situationen, in denen die Soldaten ihre *casses* abgelegt haben. So etwa beim Opfer, beim Marsch, beim Schanzen, bei der Arbeit an Festungsanlagen, beim Roden von Wäldern und beim Ernten von Getreide. In einigen dieser Szenen haben die Legionäre ihre *scuti* und *casses* in greifbarer Nähe abgestellt[38]. Im Normalfall jedoch ist der Legionär in kompletter Rüstung mit *cassis* abgebildet, wie es beim Aufenthalt im Feindesland nur vernünftig ist. Beim Betrachten der Helme kristallieren sich zwei Archetypen heraus. Der Erste Typ hat einen breiten Stirnschild, der über der Schläfe in einer Volute endet und einen weit herunter gezogenen Nackenschutz, der sich übergangslos aus der Kalotte entwickelt[39]. Bei Typ zwei führt statt des Stirnschildes ein Reif rings um die Kalotte und der Nackenschild ist weit kürzer ausgeführt[40]. Bei diesem Helmtypus sind häufig die kreuzförmigen Verstärkungsbänder zu sehen, die auf der Trajanssäule das erste Mal auftauchen[41]. Neben diesen Reintypen gibt es auch viele Mischformen aus beiden. Wenn man alle behelmten Legionäre betrachtet, so fällt auf, dass sie weit häufiger der Helm vom Typ eins tragen und Hilfstruppen vermehrt den Typ zwei. Helmtyp eins begegnet uns auch bei anderen trajanischen Monumenten. So kann man ihn eindeutig auf den Fragmenten des großen Dakerschlachtfrieses am Konstantinsbogen erkennen[42] und auch auf den Metopen des *tropaeum Traiani* bei Adamklissi ist er zu sehen. Hier allerdings ist auch er mit den Kreuzförmigen Kalottenspangen

---

[38] Coarelli, Taf. 57.
[39] Coarelli, Taf. 42, 126.
[40] Coarelli, Taf. 37, 81, 116, 23 oben Mitte: beide Typen neben einander.
[41] Antike Helme, 357.
[42] Andreae, Abb. 422.

ausgestattet[43]. Beide Helmtypen haben jedoch eine Gemeinsamkeit: sie lassen sich beide nicht mit der zeitgenössischen Wirklichkeit vereinbaren. Zur Zeit Trajans war der im Heer dominierende Helm der vom Typ Weisenau, dem weder Typ eins noch Typ zwei der Trajanssäule hundertprozentig entspricht[44]. Zwar kann man dem Helmtyp eins eine gewisse Ähnlichkeit nicht absprechen, aber den Steinmetzen der Trajanssäule und des Dakerschlachtfrieses ging es wohl eher darum, eine hellenistische Tradition dar zu stellen als eine historische Realität. Wie sonst könnte man den eigenartigen Stirnschutz mit den Voluten und die viel zu schmalen Wangenklappen erklären[45]? Den Künstlern muss der Anblick von *casses* in Rom doch durchaus geläufig gewesen sein, da sie ein solches Detail wie die kreuzförmigen Spangen aufgegriffen haben. Die unterschiedliche Länge des Nackenschutzes beim gleichen Helmtypus[46] lässt sich auf das perspektivische Unvermögen der ausführenden Künstler zurückführen, wie man noch an anderen Stellen sehen kann[47]. Dass auch auf den ansonsten sehr realistisch[48] ausgeführten Metopen von Adamklissi auch hellenistisch orientierte Helme verwendet wurden[49], kann man wohl auf ein spezifisches Kunstwollen der Steinmetze zurück führen, die sich der hauptstädtischen Kunst annähern wollten, denn andere Grabsteine zeigen uns, dass die Römer sehr wohl in der Lage waren, realistische Helmformen darzustellen[50]. Eine weitere Besonderheit die Helme betreffend, ist die Darstellung der Helmzier. In drei Szenen der

---

[43] Florescu, Abb. 199.
[44] Antike Helme, 333, Abb. 3.
[45] Antike Helme, 169 – 171.
[46] Coarelli, Taf. 23.
[47] Coarelli, Taf. 117. Man vergleiche die Größen der an den *loricae* befestigten Helme mit den Köpfen der Soldaten.
[48] Florescu, 390.
[49] Man beachte die Formgebung der Wangenklappen: Florescu, Abb. 199.
[50] Anderson, Taf. 24.

Trajanssäule sind Helmbüsche dargestellt[51]. Die gleiche Form des Helmschmuckes begegnet uns auch auf dem Dakerschlachtfries[52]. All diese Darstellungen erwecken den Eindruck, als bestanden die Helmbüsche aus Federn, doch lassen sie sich nicht mit Funden von Vorrichtungen zur Fixierung von Helmkämmen in Einklang bringen. Eine weit häufiger dargestellte Helmzier ist ein Ring, der auf der Kalotte des Helmes angebracht ist[53]. Leider lässt auch er sich nicht archäologisch nachweisen und er kehrt auch nicht in der Grabkunst wieder.

Bewaffnung

Die Offensivbewaffnung der Legionäre lässt sich weit kürzer abhandeln. In den meisten Darstellungen tragen sie einen *gladius* mittels eines Riemens an der rechten Seite. Diese *gladii* kann man gut mit dem zur Zeit Trajans[54] in der Legion verbreiteten Schwert vom Typ Pompeji vergleichen[55]. Den ovalen Knauf [56] kann man deutlich erkennen[57].
Die Form der Klinge kann nicht sicher beurteilt werden, da nur ein einziger Legionär mit gezogenem Schwert dargestellt ist und die geringe Länge der Klinge seines *gladius* mir nicht realistisch erscheint[58]. Ähnlich verhält es sich mit der Darstellung von Lanzen und Speeren. Nahezu alle Stangenwaffen waren ursprünglich aus Bronze angesetzt, wie man an den Händen der Soldaten erkennen kann[59]. Allein am Beginn des Frieses sind einige *pila* in Relief

---

[51] Coarelli, Taf. 84, 115, 126.
[52] Andreae, Abb. 421, 424.
[53] Coarelli, Taf. 31.
[54] Bishop, 69.
[55] Bishop, Abb. 36.2.
[56] Bishop, 71.
[57] Coarelli, Taf. 133.
[58] Zur Klingenlänge: Bishop, 71.
[59] Coarelli, Taf. 13, 19, 64, 72.

gearbeitet[60]. Sie zeigen zwar die markante lange Spitze, die das *pilum* auszeichnet[61], sind aber am Überhang von der Spitze zum Schaft nicht korrekt. Die historische Wirklichkeit ist auf den Metopen von Adamklissi wiedergegeben[62]. Der zur Standartausrüstung des Legionärs gehörende *pugio*[63] ist auf der ganzen Säule kein einziges Mal abgebildet.

Kleidung

Der Legionär trägt eine gegürtete *tunica* mit kurzen Ärmeln, die knapp bis oberhalb der Knie reicht[64]. Damit befindet sich die Darstellung im Rahmen der zeitgenössischen Realität[65]. Alle Legionäre sind des Weiteren gut erkennbar[66] mit den *caligae* bekleidet[67], die zur Zeit Trajans die hauptsächliche Fußbekleidung der Legionäre darstellten[68]. *Paenula* und *sagum* wurden zum Schutz vor Kälte oder Niederschlag getragen[69]. Auf dem Fries gibt es nur eine Szene in der Legionäre mit *paenulae* dargestellt sind[70] und solche mit *saga* sucht man vollends vergebens.

Alle Legionäre in *lorica* tragen stets ihr *focale* um sich gegen die raue Witterung zu schützen[71]. Nicht abgebildet sind jedoch die *feminaliae*, die die Legionäre ebenfalls wegen der niedrigen Temperaturen trugen[72]. Das Tragen von Hosen galt als barbarisch

---

[60] Coarelli, Taf. 6f.
[61] Bishop, Abb. 33.
[62] Florescu, Abb. 224f.
[63] Bishop, 75.
[64] z.B. Coarelli, Taf. 4f.
[65] R. Hurschmann, DNP 12.1, s.v. Tunica, Stuttgart 2002, 920; Bishop, 99f.
[66] z.B. Coarelli, Taf. 16.
[67] Vgl. Junkelmann, Taf. 60.
[68] Bishop, 101.
[69] Bishop, 100.
[70] Coarelli, Taf. 100.
[71] A. Mau, RE VI.2, s.v. focale, Stuttgart 1909, 2815.
[72] Bishop, 100; Florescu, Abb.202, 224f.

und unschicklich[73] und diese Attribute wollte man den römischen Legionären in der Staatskunst wohl verständlicherweise nicht zuordnen.

Hilfstruppen

Neben den Legionären bilden die Hilfstruppen den Hauptanteil der dargestellten Personen im Fries der Trajanssäule. In der Darstellung tragen sie sogar die Hauptlast des Kampfes. Unter dieser Überschrift werden sowohl Infanterie als auch Kavallerie abgehandelt, da sie beide die gleiche Tracht und Ausrüstung tragen.

<u>Brustpanzer</u>

Die weiter oben schon genannte Rüstung mit den alternierenden Rändern, die allen Hilfstruppen gemein ist, macht zwar einen lederähnlichen Eindruck, aber an manchen Stellen kann man noch die feine Ausarbeitung der Oberfläche erkennen[74]. Diese Struktur kennzeichnet die Rüstung eindeutig als *lorica hamata*[75]. Die mangelhafte Darstellung des Verhaltens eines Kettenhemdes am Körper eines Soldaten, weswegen das Erkennen des solchen uns ohne die eindeutige Oberflächenstrukturierung so schwer fällt, lässt sich mit dem Fehlen von Vorbildern erklären. Vielleicht haben die Künstler der Trajanssäule nur sehr selten oder nie eine *lorica hamata* zu Gesicht bekommen. Nichts desto trotz war diese Art der Rüstung in der römischen Armee sehr verbreitet[76] und zwar nicht nur zur Zeit Trajans. Aber in wiefern entspricht die Darstellungsweise in Relief der historischen Realität? Im Fries weisen diese *loricae*, wie schon erwähnt, einen wellenförmigen Rand auf. Dieses Detail kann man an

---

[73] Wilson, 73f.
[74] Coarelli, Taf. 83, Taf. 140, Taf. 169, Taf. 171.
[75] Junkelmann, Taf. 44.
[76] Bishop, 85.

den Fundstücken schwerlich nachvollziehen, da die *loricae* ja meist zu unlösbaren Klumpen zusammengerostet sind und außer ihres Gewichtes und ihrer Oberflächenstruktur wenig von ihrer Anatomie Preis geben. Da bleibt uns ein weiteres Mal nur, die militärischen Grabdenkmäler und die Metopen von Adamklissi zu Hilfe zu ziehen. Weder die einen, noch die anderen bestätigen den Realitätsgehalt dieses Details und so müssen wir es wohl als ein Schmückendes Element der stadtrömischen Künstler abtun, die damit vielleicht die *pteryges* nachahmen wollten, die häufig unter den *loricae* hervor schauten und den Unterleib schützten. Das Tropaeum Traiani bestätigt diese Praxis in mehreren Bildern[77]. Oftmals scheint die *lorica hamata* im Schulterbereich eine doppelte Lage von Kettengeflecht gehabt zu haben, da diese Körperpartie im Kampf am meisten gefährdet war[78]. Diese *humeraliae* wurden auf der Brust mit Haken geschlossen[79], deren Aussehen uns von gefundenen Exemplaren hinreichend bekannt ist[80]. Die Verdopplung der Schulterpartie ist jedoch weder auf der Trajanssäule, noch auf den Metopen von Adamklissi berücksichtigt. Vielleicht gehörte sie nicht zur Standartausrüstung der Soldaten.

Schild

Der flache Schild, der für die Hilfstruppen einschließlich der Kavallerie bestimmt war, taucht zur Genüge im Fries auf. Solche Schilde konnten rechteckig, hexagonal oder oval sein[81], aber auf der Trajanssäule finden wir nur ovale Schilde und in einer Szene auch einige Hexagonale[82]. Diese sehr einfache Form war den Künstlern

---

[77] Florescu, Abb. 201, 212.
[78] Bishop, 85.
[79] Bishop, 85; Anderson, Taf. 7.
[80] Bishop, Abb. 48.
[81] Bishop, 82.
[82] Coarelli, Taf. 108.

also sehr wohl bekannt. Weniger Einigkeit scheint jedoch darüber geherrscht zu haben, wie ein Hilfstruppenschild auf der Rückseite aussah und wie er geführt wurde. Zumeist wird nämlich der ovale Schild mit zwei Tragelaschen ausgestattet[83]. Diese falsche Tragweise ist wohl auf die Annahme zurück zu führen, ein rundlicher Schild müsse wie der ἀσπις des Hopliten geführt werden. Andere Szenen wiederum zeigen die richtige Trageweise mit nur einem Griff[84]. Nur dann nämlich macht ein Schildbuckel Sinn, wenn er direkt vor dem Handgriff angebracht ist um die linke Hand des Soldaten zu schützen.

Helm

Zur Rüstung der Hilfstruppen gehörten natürlich ebenfalls die *casses*. Sie tragen ebenso wie die Legionäre beide Helmtypen (siehe 1.3.4), aber bei ihnen wird der Helmtyp zwei viel öfter getragen wird als der Helmtyp eins. Meiner Meinung nach ist diese Verteilung kein Zufall. Vielleicht wollte man den Hilfstruppen in der Darstellung nicht den attischen Helm geben, weil er den Krieger durch seine hellenische Abstammung in eine andere Sphäre hebt und man diese ideelle Erhöhung wollte man den niederen Hilfstruppen zugestehen. Diese Ehre war den Legionären vorbehalten. Die Inkorrektheit der Darstellung beider Helmtypen im Vergleich zu den gefundenen Stücken habe ich im vorigen Kapitel erläutert. Allerdings möchte ich noch die These von G. Waurick[85] aufgreifen, der vermutet, dass in der frühen Kaiserzeit, als die Helme vom Typ Hagenau und vom Typ Weisenau gleichzeitig in Benutzung waren, deren Verteilung auf die Soldaten willkürlich geschah. Waurick vermutet, dass ein Typ den Legionären und der andere Typ für die Hilfstruppen bestimmt

---

[83] Coarelli, Taf. 85, 141.
[84] Coarelli, Taf. 73.
[85] Antike Helme, S. 355f.

war. Eine solche Praxis würde das Vorhandensein zweier Helmtypen auf der Trajanssäule erklären. Leider fehlt uns zur endgültigen Klärung dieser Problematik eine eindeutige Textstelle oder die Fülle an eindeutigem archäologischem Fundmaterial, das man für eine sichere Aussage benötigt.

Gürtel und Bewaffnung

Das *cingulum militare* wurde den Hilfstruppen auf der Trajanssäule ausnahmslos vorenthalten. An Waffen tragen die Hilfstruppen im Fries stets Schwert, in einer Szene einen Bogen[86] und meist Lanze, wobei Letztere wie bei den Legionären auch, in jedem Fall aus Bronze angefügt war und damit heute verloren ist[87]. Die Längen der Klingen kann man immerhin anhand der Scheiden nachempfinden, da eine Klinge im gezogenen Zustand zwar vorkommt, aber nicht in voller Länge abgebildet ist[88]. Betrachtet man nun die Schwerter der Hilfstruppen kommt man zu dem Schluss, dass sie zwar in der Länge etwas uneinheitlich sind, aber insgesamt länger dargestellt sind, als die Schwerter der Legionäre[89]. Auch sind ihre Griffe und speziell die Knäufe oftmals anders gearbeitet[90]. Manche Schwerter, speziell die der *equites* sind so lang, dass man sie als *spatha* bezeichnen könnte[91]. Dieser längere Schwerttyp war für den Kampf vom Pferde aus besser geeignet als das relativ kurze *gladius*. Leider kommt hier wieder das perspektivische Unvermögen der ausführenden Künstler zum Tragen, das schon bei den Helmen zu verzerrten Bildern geführt hat, sodass man nicht generalisieren kann, ob nun das Schwert der Hilfstruppen länger war als das der Legionäre oder nicht.

---

[86] Coarelli, Taf. 23.
[87] z. B. Coarelli, Taf. 11.
[88] Coarelli, Taf. 39.
[89] z. B. Coarelli, Taf. 11.
[90] Coarelli, Taf. 11, 140 rechts.
[91] Bishop, 71-74.

Kleidung

Bei der Bekleidung der Hilfstruppen verhält es sich ähnlich wie bei den Legionären. Das Hauptkleidungsstück war die kurzärmelige *tunica*. Sicher haben einige Hilfstruppen ihre davon abweichende, ortsübliche Tracht getragen, doch wird das auf der Trajanssäule zugunsten der Einheitlichkeit übergangen. Abweichend von den Legionären treten bei den Hilfstruppen teils Tuniken auf, deren Saum gewellt oder mit Fransen[92] versehen ist. Da jedoch Hilfstruppen mit und ohne diese geschmückten Säume, Reiter wie Infanterie, nebeneinander auftauchen[93] muss man diese Uneinheitlichkeit wohl auf die Geschmäcker verschiedener ausführender Künstler zurückführen. Der Ursprung dieser Fransen an den *tunicae* könnte wiederum in den *pteryges* liegen, die auf den Metopen von Adamklissi zu erkennen sind. Deren Zweck scheinen die stadtrömischen Künstler jedoch nicht verstanden zu haben.

Alle Hilfstruppensoldaten tragen wie die Legionäre stets *caligae* an den Füßen[94]. Dass selbst die Reiter nur die *caligae* tragen[95] erscheint mir sehr unrealistisch, denn die Benutzung von Socken und anderen Mitteln zum Schutz des Fußes ist durchaus belegt[96] und es ist naiv zu glauben, der Reiter hätte in der Kälte des Nordens nichts weiter als Sandalen getragen.

Paenula und vor allem *sagum* als Schutzbekleidung gegen schlechtes Wetter wird im Fries von den Hilfstruppen sehr häufig getragen[97].

Alle Hilfstruppen sind stets mit kurzen *feminaliae* bekleidet. Die barbarische Herkunft der Hose spielte bei der Darstellung der

---

[92] Coarelli, Taf. 56.
[93] Coarelli, Taf. 40.
[94] z. B. Coarelli, Taf. 48.
[95] Coarelli, Taf. 37.
[96] Bishop, 100.
[97] z. B. Coarelli, Taf. 11.

Hilfstruppen keine Rolle. Man wollte vielmehr zeigen, dass diese Soldaten mit den Kettenpanzern keine echten Römer waren.

Stabsoffiziere und Dienstgrade

In diesem Kapitel werde ich alle Dienstgrade über dem gemeinen *munifex* abhandeln. Das wären die verschiedenen Zeichenträger, nämlich *aquiliferi, signiferi* und *vexillarii,* die Militärmusiker, namentlich *cornicines* und *tubicines,* sowie sämtliche Dienstgrade vom *centurio* bis zum *legatus legionis.*

<u>Zeichenträger und Musiker</u>

Auf der Trajanssäule sind drei Typen von Zeichenträgern dargestellt. Am häufigsten taucht der *signifer* auf, der das *signum,* das Feldzeichen, trägt. Von diesen *signa* gibt es zwei unterschiedliche Varianten. Die erste Variante besteht aus mehreren vertikal übereinander angebrachten Scheiben[98], den *phalerae.* Man könnte es als ein reguläres *signum* bezeichnen, wie es in jeder Legion üblich war. Das zweite *signum* hingegen besteht hauptsächlich aus horizontalen *coronae* und endet oben in einer *victoria*[99]. Dieses *signum* ist das Zeichen der Prätorianer[100]. Die *signiferi* tragen auf der Trajanssäule ein Fell über dem Helm[101], selbst wenn sie ihr Feldzeichen abgelegt haben[102]. Diese Praxis, ein Fell über dem Helm zu tragen, wird auch von Vegetius[103] erwähnt. Er bestätigt auch, dass die *signiferi* eine kleinere Rüstung als die normalen Legionäre getragen haben, so wie es uns die Trajanssäule zeigt, auf der sie statt

---

[98] Coarelli, Taf. 5 Mitte.
[99] Coarelli, Taf. 5 rechts.
[100] Kubitschek, RE II A 2, s.v. signifer, Stuttgart 1923, 2357.
[101] z. B. Coarelli, Taf. 21.
[102] Coarelli, Taf. 52f.
[103] Veg. II 16.

18

der Legionärsrüstung die Tracht der Hilfstruppen tragen. Im Feindesland führen die Feldzeichenträger stets einen kleinen Rundschild mit sich, den sie unter einem Arm halten[104]. Auch dies entspricht der historischen Realität[105].

Der *aquilifer* war ein ausgesuchter Mann der ersten Kohorte, bei der auch der Platz der *aquila* war[106]. Er trug die gleiche Ausrüstung wie der normale Legionär[107]. Auf der Trajanssäule jedoch variiert die Darstellungsweise des *aqulifer*. Meist ist er barhäuptig, auch wenn in der gleichen Szene die *signiferi* ihr Fell auf dem Kopf tragen[108], aber manchmal tut er es ihnen auch gleich[109].

Über die Ausrüstung der *vexillarii* herrscht weitgehend Unklarheit. Auch auf der Trajanssäule gibt es keine einheitliche Tracht, die man ihm zuordnen könnte. Mal ist er barhäuptig[110] wie der *aqulifer*, mal trägt er ein Fell[111] wie der *signifer* und mal ist er beritten dargestellt[112]. Die Uneinigkeit rührt daher, dass eine Vexillation eine stehende militärische Abordnung war und der Träger des *vexillum* daher für jeden Fall einzeln ausgesucht wurde und keinen festen Dienstgrad darstellte[113].

Auf der Trajanssäule werden zwei Arten von Musikinstrumenten dargestellt, die sich gut identifizieren lassen, die *tuba* und das *cornu*[114]. Die zugehörigen Musiker zählen als *immunis* ebenfalls zu den Dienstgraden[115]. Der viel häufiger abgebildete *cornicen* trägt

---

[104] Coarelli, Taf. 55.
[105] Bishop, 82.
[106] A. R. Neumann, DKP I, s.v. Aquila 1), Stuttgart 1964, 478.
[107] v. Domaszewski, RE II.1, s.v. Aquilifer, Stuttgart 1895, 321f.
[108] Coarelli, Taf. 5, 20, 50, 132.
[109] Coarelli, Taf. 55.
[110] Coarelli, Taf. 5.
[111] Coarelli, Taf. 56.
[112] Coarelli. Taf. 104.
[113] Le Bohec, 31f.
[114] Vgl. Coarelli, Taf. 9. und DNP 8, Stuttgart 2000, 551.
[115] L. Schumacher, DNP 12.1, s.v. Tubicen, Stuttgard 2002, 888.

außer bei religiösen Handlungen[116] stets die Tracht der Hilfstruppen und ein Fell schmückt sein Haupt[117]. Die Musiker spielten eine wichtige Rolle im Tagesablauf der Legionäre und während der Schlacht[118]. Ein *tubicen* taucht nur ein Mal im Rahmen eines Opfers auf[119]. Dort ist er wie alle Soldaten bekränzt und trägt keine Rüstung. Doch ist anzunehmen, dass er im Feld die gleichen Attribute trug wie die *cornicines*.

Stabsoffiziere

Es gab eine Vielzahl von Dienstgraden in der römischen Armee[120]. Von all diesen kommt den *centuriones* die größte Bedeutung zu[121]. Sie waren von den einfachen Soldaten eindeutig durch ihre *crista transversa* zu unterscheiden[122], die auf der Trajanssäule nicht vorkommt. Somit gibt es dort keinen *miles*, den wir als *centurio* ansprechen könnten.
Stabsoffiziere hingegen sind auf der Trajanssäule häufig anzutreffen. Sie treten zumeist als Begleiter des *princeps* auf und tragen auch die gleiche Tracht wie er[123]. Diese besteht aus einem hüftlangen Panzer mit langen *pteryges*, die den Unterleib, die Schultern und einen Teil der Oberarme bedecken. *Humeraliae* sind mit Riemen auf der Brust angebunden[124] und sowohl Stabsoffiziere als auch Trajan selbst tragen einen Leibriemen um den Panzer, der auf der Brust verknotet

---

[116] Coarelli, Taf. 9, 124.
[117] z. B. Coarelli, Taf. 6.
[118] Veg. II, 21; L. Schumacher, DNP 12.1, s.v. Tubicen, Stuttgart 2002, 888; Y. Le Bohec u.a., DNP 3, s.v. Cornicines, Stuttgart 1997, 198.
[119] Coarelli, Taf. 9.
[120] Veg. II, 7.
[121] Gilliver, 17.
[122] Veg. II, 16.
[123] z. B. Coarelli, Taf. 48.
[124] Coarelli, Taf. 9, 41, 48.

ist und dessen Enden bogenförmig zurückgesteckt wurden[125]. Da zu diesem Panzer zumeist ein *sagum* getragen wird, ist der Halsausschnitt selten zu sehen. Nur in einer Szene trägt der *princeps* stattdessen ein *paludamentum* und gibt damit den Blick auf den eckigen Halsausschnitt preis[126]. Dieser Panzertyp ist uns zwar von anderen Denkmälern her bekannt[127], aber wie er konstruiert war und woraus er bestand, können wir mangels archäologischen Fundmaterials[128] nur mutmaßen. In einer Szene[129] wird dem *princeps* auch ein längerer Muskelpanzer mit halbrunden Lederlaschen zugestanden, ähnlich wie ihn der Mars auf dem Trajansbogen von Benevent trägt[130].

Unter dem Panzer trugen die Stabsoffiziere eine *tunica* und dazu *feminalia*. Da sie zumeist auf dem Pferde unterwegs waren, war diese kurze Hose unerlässlich im verhältnismäßig rauen Klima Dakiens.

Als Fußbekleidung dienten den Stabsoffizieren abweichend zum normalen Soldat *calcei equester*[131], weiche Lederstiefel[132].

Zum Schutz vor Wettereinflüssen tragen sie wie schon erwähnt stets das *sagum*.

---

[125] Coarelli, Taf. 48, 56.
[126] Coarelli, Taf. 157.
[127] Junkelmann, Taf. 18.
[128] Bishop, 85.
[129] Coarelli, Taf. 56.
[130] Andreae, Abb. 412.
[131] z. B. Coarelli, Taf. 16.
[132] R. Horschmann, DNP 11, s.v. Schuhe, Stuttgart 2001, 254 – 257.

Nichtrömische Verbündete

Als Verbündete der Römer treten auf der Trajanssäule ungepanzerte Fußsoldaten[133] und Reiter[134], sowie orientalische Bogenschützen[135] auf. Orientalische Alliierte gab es auch auf dakischer Seite. Dort waren es sarmatische Panzerreiter[136]. Alle Orientalen sind mit einem hohen konischen Helm ausgerüstet und meist tragen sie eine *lorica squamata[137]*, die aus vielen kleinen Schuppen bestand[138]. Betrachtet man die feine Ausführung der Kettenhemden, wo sie noch erhalten ist[139] und vergleicht sie mit der grob schematischen, stellenweise fantastischen Darstellung der *lorica squamata*, die den Träger gleichsam wie eine Haut einhüllt, so kommt man zu dem Schluss, dass der stadtrömische Künstler diese Art der Rüstung, sei es für den Menschen oder für das geharnischte Ross, nur aus der Überlieferung kennen konnte. Wegen dieser Fremdartigkeit benutzte man Schuppenpanzer und konische Helme, um damit ausgerüstete Soldaten als von orientalischer Herkunft zu charakterisieren.

Ebenso ein Charakteristikum stellen die Keulen dar[140]. Ich bin hier nicht der Meinung von Le Bohec[141], der darin wirklich verwendete Waffen sehen will, sondern denke vielmehr, dass man sie den barbarischen Verbündeten in die Hände gab, um sie als eben solche zu kennzeichnen.

---

[133] z. B. Coarelli, Taf. 132.
[134] Coarelli, Taf. 28f.
[135] Coarelli, Taf. 132.
[136] Coarelli, Taf. 30, 38.
[137] Auf Coarelli Taf. 78f, 132. auch Bogenschützen in *lorica hamata*.
[138] Bishop, Abb. 51.
[139] Coarelli, Taf. 171.
[140] Coarelli, Taf. 23, 39.
[141] Le Bohec, 137.

Fazit zur Trajanssäule

Oftmals werden die qualitativ hochwertigen Reliefs von der Trajanssäule in Rom als eine Quelle für die Ausrüstung des römischen Militärs angesehen[142]. Für die Zeit der Dakerkriege Trajans haben wir durch eine Vielzahl archäologischer Funde von Gegenständen und Grabsteine von römischen Soldaten sowie das Tropaeum bei Adamklissi[143] ein recht gutes Bild der Ausrüstung der einfachen Legionäre und Hilfstruppen. Vergleicht man nun die Darstellungen auf der Trajanssäule mit der rekonstruierten zeitgenössischen Realität, fallen einige Unterschiede auf. Die Unterschiede der einzelnen Gegenstände wie Helme und Rüstungen hab ich schon erläutert, bleiben also noch ein Vergleich der Gesamtdarstellung und eine Auswertung offen.

Die auf der Trajanssäule angedeutete Einheitlichkeit der Brustrüstungen der Legionäre und Hilfstruppen ist nicht haltbar. Grabsteine und archäologische Funde sprechen eine ganz andere Sprache. Die *lorica squamata*, die man im Relief nur den Verbündeten zugewiesen hat, war nachweislich innerhalb der Legion recht verbreitet[144]. Auch der Eindruck, dass alle Legionäre die *lorica segmentata* getragen haben, erweist sich als falsch.

Die Uniformität sollte dem antiken Betrachter die Erkennung von Legionären und Hilfstruppen erleichtern und kein realistisches Bild vom Aussehen der Legion bieten.

Der Einfachheit halber wurden auch *ocreae* und *manicae* nicht dargestellt, deren Verwendung die Metopen Tropaeum Traiani belegen[145].

---

[142] Le Bohec, 133f.
[143] Auch wenn dessen Datierung in der Forschung noch umstritten ist. Siehe Florescu, 9f.
[144] Bishop 85.
[145] Armschienen: Florescu, 485; Beinschiene unsicher: Florescu, 483.

23

Viele Abweichende Details, wie Schwertknäufe, Säume von *tunicae*, Helme, Verteilung und Aussehen der *cingula* und Helmzier kann man auf die persönlichen Stile der verschiedenen ausführenden Künstler zurückführen.

Die Darstellung vieler Objekte lässt sich nur als unrealistisch bezeichnen, wie etwa der verschiedenen *loricae*, der *casses* und der *pila*. Andere Details sind wiederum sehr realistisch ausgeführt, wie etwa die Schuhe, die *scuta, paenulae* und *saga, cingula* (teilweise) und *focalia*. Wie kommt es zu dieser Zweiteilung? Meine Erklärung ist, dass die realistisch dargestellten Gegenstände in Rom zur Ansicht zugegen waren und die anderen nicht. Eine Person, die beispielsweise *caligae* trägt, aufzutreiben, sollte kein Problem gewesen sein. Die Gegenstände, deren Darstellungen uns mangelhaft erscheinen, werden den Künstlern wohl nicht zur Verfügung gestanden haben. Eine Ausnahme bilden da die Helme und die Panzer der Stabsoffiziere. Beides sind keine Realien, sondern aus der traditionellen Kunst entlehnte Typen.

Wenn man soweit gehen möchte, könnte man aus realistischen und unrealistischen Gegenständen die Ausrüstung der in Rom stationierten Truppen rekonstruieren. Dies ist jedoch nicht Sinn und Zweck dieser Arbeit und würde auch ihren Rahmen sprengen.

Die Aufgaben, die die verschiedenen Truppen ausführen, sind bewusst gewählt um eine politische Botschaft zu unterstreichen, wie schon R. Bode richtig erkannt hat[146]. Keineswegs stellen sie die Realität dar, wenn die Hilfstruppen und Verbündete Roms beinahe die gesamte Kampflast tragen und die Legionen hingegen bis auf wenige Ausnahmen nur beim schanzen, Festungsbau oder anderweitigen unblutigen Tätigkeiten dargestellt sind.

Zum Quellenwert der Trajanssäule für die Ausrüstung der Legionäre kann man zusammenfassend sagen, dass ihr Wert zum Verständnis des römischen Militarismus zweifellos sehr groß ist, dass sie jedoch

---

[146] Bode, 57f.

keine realistische Militärchronik für die Ausrüstung Legionen zur Zeit Trajans darstellt. Dafür war sie nicht gedacht, sondern sie sollte den Sieg Roms über das dakische Reich gebührend illustrieren. Die Trajanssäule ist kein Handbuch für römische Kriegstechnik sondern Kunstobjekt und Propagandainstrument.

Die Marcussäule

Zweck der Marcussäule und ihre Beziehung zur Trajanssäule[147]

Die etwa 80 Jahre nach der Trajanssäule entstandene Marcussäule stellt ihr direktes Zitat dar[148]. Trotzdem ist der Unterschied in Ausführung und Zeitstil deutlich zu erkennen[149]. Auch die Intention der Säule ist eine andere, als sie beim Bau der Trajanssäule dem *princeps* vorschwebte. War diese noch von Trajan selbst als Monument und Grablege geplant, so kann man doch zweifeln, ob Marcus Aurelius den Bau seiner eigenen Säule geplant hat. Abgesehen davon, dass es nicht zum Charakter des philosophisch orientierten Kaisers passte[150], rechtfertigte das Ergebnis des Krieges kaum den Bau eines solchen Monumentes. Zwar hatte Rom den Gegner vernichtend geschlagen, aber die Verluste an Mensch und Material standen in keinem Verhältnis zur Ausbeute der Kriege[151].

Figurentypen auf der Marcussäule

Die Einteilung der dargestellten Personen auf römischer Seite ist bei der Marcussäule nicht ganz so eindeutig, wie es noch bei der Trajanssäule möglich war. Ein Grund dafür ist, dass große Teile der Darstellungen in der Renaissance ergänzt wurden[152]. Bei diesen Ergänzungen hat man leider wenig wert auf historische Richtigkeit gelegt, denn es war vielmehr ein dekorativer Aspekt die Triebfeder.

---

[147] Details zu Maßen, Aufbau und Einbau in den architektonischen Komplex des nördlichen Marsfeldes siehe: Jordan-Ruwe, 84-91.
[148] Jordan-Ruwe, 84.
[149] Coarelli, Rom, 292f.
[150] Schrempf, 26.
[151] Löhr, 10-13.
[152] Petersen, 11f.

Es treten erneut Soldaten in *lorica segmentata* und in *lorica hamata* auf. Jetzt kommen allerdings noch römische Truppen in *lorica squamata* hinzu[153]. Eine Unterteilung in Legionäre und Hilfstruppen ist jetzt nicht mehr möglich. Die Kriterien, nach denen diese Unterscheidung noch bei der Trajanssäule möglich war, fallen hier weg. Waren die gewölbten, hochrechteckigen *scuti* auf der älteren Säule noch ein untrügliches Zeichen für die Legionäre, so ist ihre Verteilung auf im Relief der Marcussäule willkürlich und meines Erachtens ohne System[154]. Auch die Verteilung der *feminaliae,* die weiterhin dem Prinzip der Trajanssäule folgt, reicht mir als Grund nicht aus, um eine Binnentrennung vor zu nehmen.

Somit werde ich die römischen Soldaten der Marcussäule nur in drei Gruppen einteilen von denen ich eine Gruppe nur der Vollständigkeit halber nenne aber nicht erläutern werde.

Die erste Gruppe sind die römischen *milites.* Hier fasse ich alle Soldaten zusammen, die eine Art der *lorica* tragen und bei denen es sich nicht um *immunes* handelt, also um irgendwelche Dienstgrade. Zwar könnte man die Soldaten wieder anhand ihrer Verwendung in Hilfstruppen und Legionäre untergliedern, doch halte ich diese Maßnahme wegen der fehlenden Hinweise in der Ausrüstung der Soldaten hier für unnötig.

Gruppe zwei fasst wieder alle Stabsoffiziere und übrige Dienstgrade zusammen. Darunter fallen wie bei der Einteilung der Figuren der Trajanssäule wieder die Musiker und Zeichenträger.

Die Gruppe drei beinhaltet alle römischen Verbündeten, die keine Rüstungen oder Abzeichen der Legion tragen. Sie spielen bei meiner Abhandlung im Folgenden keine Rolle und ich nenne sie, wie oben schon erwähnt, nur der Vollständigkeit halber.

---

[153] z. B. Petersen, Taf. 51b.
[154] Petersen, Taf. 76a.

Die römischen *milites*

<u>Rüstungen</u>

Bei den Rüstungen tritt eine Vermischung auf, die uns auf der Trajanssäule so noch nicht begegnet ist. Eine Anzahl von Soldaten ist mit der *lorica segmentata* ausgerüstet. Abgesehen davon, dass es auch bei der Marcussäule wieder einige Unterschiede gibt, die sich auf die Künstler zurückführen lassen, ist die Richtigkeit der Darstellung eher gegeben als noch bei der Trajanssäule. Die breiteren Brustplatten, mit denen eine *lorica segmentata* oben abschließt, sind in den Darstellungen deutlich zu erkennen[155]. Diese Vergrößerung der Brustplatten findet ausnahmsweise sogar in den archäologischen Funden ein Äquivalent. Funde zeigen, dass außer einer generellen Vereinfachung der Verschlussmechanismen der *lorica segmentata* auch die Brustplatte verlängert wurde[156]. Auch sind in einigen Szenen die Verbindungsstellen der Brustschienen näher am Original[157].

Das Aussehen der *lorica hamata* gleicht den Darstellungen auf der Trajanssäule. Die Ränder von Brustteil und Ärmeln sind wellenförmig gestaltet und das Ringgeflecht ist durch Bohrungen dargestellt. Diese Bohrungen sind allerdings aufgrund der grobern Ausarbeitung des Reliefs größer und tiefer. Dadurch sind die Bohrlöcher trotz der Schädigung der Oberfläche durch Umwelteinflüsse noch so deutlich zu erkennen. Allein einige spätere Ergänzungen sind ohne Bohrungen ausgeführt[158]. Nicht dargestellt ist hingegen eine neue Art, die *humaliae* auf der Brust zu schließen. War unter Trajan dafür noch ein Haken gebräuchlich,

---

[155] z. B. Petersen, Taf. 88a.
[156] Bishop, 117.
[157] Petersen, Taf. 10b.
[158] Petersen, Taf. 73a.

vermutet Bishop unter Marcus Aurelius eine Art Brustplatte[159]. Solch eine Platte würde damit gleichzeitig die Funktion eines Pektorals erfüllen. Ein derartiger Verschlussmechanismus ist auf der Marcussäule nirgends zu erkennen.

Die *lorica squamata* als dritte häufig auftretende Rüstungsart ähnelt ebenfalls den Darstellungen auf der Trajanssäule und auf dem Dakerschlachtfries[160]. Abgesehen davon, dass die Schuppen wieder überproportional groß dargestellt sind, ist ihre Form allerdings den archäologisch nachgewiesenen Schuppen recht ähnlich. Zwar sind die Fundstücke länglicher gearbeitet, aber ein halbrunder, unterer Rand ist durchaus an zu treffen[161]. Eine weitere Erkenntnis, die aus den Funden zu ziehen war, ist eine neue Art der Binnenbefestigung der Schuppen. War es unter Trajan noch üblich, die Schuppen nur horizontal mit einander zu verbinden, so werden sie zu Zeit von Marcus Aurelius auch in vertikaler Verbindung fixiert um einen besseren Schutz zu garantieren[162].

Schilde

Das so charakteristische gewölbte hochrechteckige *scutum* ist auch weiterhin der Schild der Legionäre[163]. Des Weiteren kann man aus dem Fund eines halbkugelförmigen *umbo* eines Reiters unter dem Prinzipat des Commodus[164] schließen, dass auch der runde Schild noch in Gebrauch war[165]. Sicherlich nicht nur für die Reiter, sondern nach wie vor auch als längsovale Version für Hilfstruppen zu Fuß. Die Wölbung des rechteckigen *scutum* ist in den wenigen Szenen, in

---

[159] Bishop, 117.
[160] Andreae, Abb. 422.
[161] Bishop, Abb. 77,3.
[162] Bishop, 117.
[163] Bishop, 115.
[164] Bishop, Abb. 76.
[165] Für hochrechteckige *scuta* wurden eher Schildbuckel von rechteckiger Form verwendet. Bishop, Abb. 46.8.

denen es auftritt, nicht zu erkennen[166]. Dass eine Gruppe von Legionären einheitlich mit dem *scutum* ausgerüstet ist, findet sich nur in zwei Szenen. Einerseits handelt es sind um eine *testudo*[167], die mit ovalen Schilden so gar nicht möglich wäre, andererseits um einen Angriff[168]. Sonst sind die verschiedenen Formen der Schilde, also rechteckig, oval und selten auch hexagonal, ohne System den Soldaten in die Hand gegeben[169]. Einige Darstellungen der Rückseiten von Schilden zeigen uns, dass den Künstlern der Marcussäule ebenfalls nicht geläufig war, wie ein Schild mit nur einer Hand geführt wurde. Auch sie zeigen die von der Realität abweichende Griffform mit zwei Fixpunkten am Unterarm[170], so wie es den Römern von den Kopien der griechischen Hoplitenstatuen mit ihren ασπείς bekannt war. Bezüglich der Schilde muss man wohl sagen, dass die dargestellten Typen in Aufbau und Aussehen wenig mit den zeitgenössischen Originalen zu tun haben.

Helme

Bei den Helmen ist die künstlerische Verbrämung der Darstellung am deutlichsten zu sehen. Beide Helmtypen, die uns schon von der Trajanssäule her hinreichend bekannt sind, tauchen wieder auf der Marcussäule auf. Allerdings ist hier die Tendenz zu Mischformen noch stärker zu erkennen, als es noch bei der Trajanssäule der Fall war. Die in trajanischer Zeit oder kurz davor aufgekommenen und auch auf der Trajanssäule dargestellten Bänder, die kreuzförmig über die Helmkalotte verliefen, fehlen auf den Darstellungen auf der Marcussäule völlig. In der Zeit ihrer Entstehung waren in der Legion vermutlich noch viele Exemplare vom Weisenau-Typus in Gebrauch.

---

[166] Petersen, Taf. 76a, 88b, 92b, 93b, 102a, 111a, 123a.
[167] Petersen, Taf. 62af.
[168] Petersen, Taf. 111a.
[169] z. B. Petersen, Taf. 76a.
[170] z. B. Petersen, Taf. 34b, 40a.

Dessen späte Formen haben schon deutliche Ähnlichkeit[171] mit dem Typus, der den Weisenauhelm ablösen sollte, dem Typus Niederbieber[172]. Es ist anzunehmen, dass ein Teil der Truppen zur Zeit des Marcus Aurelius auch schon Frühformen dieses Typus Niederbieber trug. Dieser neuartige Helmtyp zeichnet sich durch einen weiter nach unten gezogenen Nackenschutz und breite Ohrenschützer aus. Betrachtet man die Helme auf der Marcussäule kann man jedoch weder einen späten Weisenautypus, noch einen frühen Niederbieber erkennen. Der lang heruntergezogene Nackenschutz des im Relief ausgeführten Typ eins[173] ähnelt zwar dem Helmtypus Niederbieber, aber da dieser Typus eins schon lange davor auftaucht, kann diese Ähnlichkeit nicht beabsichtigt sein. Damit sind die auf der Marcussäule dargestellten Helme ausnahmslos nicht an den zeitgenössischen Originalen orientiert, sondern wie schon auf der Trajanssäule der traditionellen Kunst entlehnt.

Cingulum und Kleidung

Bis zur Zeit des Marcus Aurelius hatten die *cingula militares* einige Veränderungen durchgemacht. Die Schmuckplatten am Gürtel waren jetzt häufig in à jour-Technik ausgeführt oder zeigten ein Dekor nach keltischem Vorbild. Zu den schon vorhandenen Formen der Endstücke der Lederlaschen an der Vorderseite des Gürtels kamen noch Anhänger in Form von Efeublättern hinzu[174]. Diese Neuerungen kann man an den Darstellungen der Marcussäule nicht ablesen. Die Reliefs sind viel zu grob gearbeitet um solche Details erkennen zu können. Von den Legionären mit *lorica segmentata* trägt beinahe jeder ein *cingulum*, nur wenigen hat man es nicht

---

[171] Vgl. Antike Helme, Abb. 5.4, 336. sowie Antike Helme, Abb. 6f, 339f.
[172] Antike Helme, 357.
[173] Siehe 1.3.4
[174] Bishop, 119.

gegönnt. Man war mit der Verteilung der *cingula* sogar konsequenter, als bei der Trajanssäule, denn die wenigen Träger der *lorica segmentata* ohne *cingulum* stehen eher im Hintergrund und nicht an repräsentativer Stelle. Vielleicht wurde hier der unter 1.3.3 umrissenen Bedeutung des *cingulum* für den Legionär Rechnung getragen.

Die Kleidung der Legionäre unter der Rüstung ist nach wie vor die gegürtete *tunica*, wie man auf dem Relief erkennen kann.

Anders als noch zur Zeit des Trajan waren die *caligae* nicht mehr die Standartfußbekleidung der Soldaten[175]. Nichts desto trotz trägt sie weiterhin jeder Infanterist[176] und jeder Reiter der Hilfstruppen[177] auf der Marcussäule.

Das Tragen von Hosen war sicher schon mehr in der Legion etabliert, als noch unter Trajan. *Feminaliae* dürften daher von sehr vielen Legionären getragen worden sein, erst recht in den kälteren Donaugebieten. Auf der Säule jedoch wird das Schema der Trajanssäule wieder auf gegriffen und die Soldaten in *loricae hamatae* in *feminaliae* dargestellt. Dazu kommen auch noch die Soldaten in *loricae squamatae*. Einzig Soldaten in *loricae segmentatae* tragen keine.

Als Schutzkleidung gegen schlechtes Wetter kam die *paenula* aus der Mode. Das *sagum* war von nun an das favorisierte Kleidungsstück der Soldaten bei ungünstiger Witterung[178]. Diese Tendenz kann man auch am Relief ablesen. Dort ist keine *paeluna* mehr zu finden, aber einige Soldaten tragen ein *sagum*[179].

---

[175] Bishop, 119.
[176] Petersen, 11a.
[177] Petersen, 50b.
[178] Bishop, 119.
[179] Petersen, 16a.

Bewaffnung

Die Offensivbewaffnung der Soldaten hatte sich in den 80 Jahren von Trajan bis zum Tode des Marcus Aurelius kaum verändert. *Pila* trugen die Fußtruppen nach wie vor mit sich, ebenso wie *gladii*. Auch steht der Vermutung, *pugiones* seien weiterhin geführt worden, nichts im Wege. Doch auf der Marcussäule tauchen sie kein einziges Mal auf. Funde von Speer- bzw. Lanzenspitzen zeigen, dass auch diese Waffen weiterhin zum Arsenal der römischen Truppen gehörten[180]. Zwar hat sich im Waffenarsenal nicht viel geändert, aber bei einigen Typen lassen sich Neurungen erkennen. Ein neuer Typ von Schwert taucht im 2. JH. auf. Ihn zeichnet eine lanzettförmig zulaufende Spitze und ein ringförmiger Knauf aus[181]. Auch bei der Schwertaufhängung setzt sich eine andere Methode durch. Zuvor benutzte der Legionär dafür einen Schulterriemen, doch im Laufe des 2. JH. wechselten viele Soldaten dazu, die Schwertscheide wieder am Gürtel selbst zu befestigen und zwar so, dass man sie am *cingulum* verschieben konnte. Diese Art der Schwertaufhängung scheinen die Römer von den Völkern nördlich der Donau übernommen zu haben. Darüber hinaus ist an den archäologischen Originalfunden ein Wandel vom Aussehen des Ortbandes abzulesen. Ihre Form geht in Richtung Herz- oder πελτή-Form[182]. Diese Entwicklung lässt sich auch an den Säulenreliefs erkennen. Waren die Ortbänder auf der Trajanssäule noch ausschließlich spitz zulaufend[183], so findet man auf der Marcussäule nur noch halbkreisförmige Typen[184].
Weniger Realitätsgehalt haben jedoch die Kampfdarstellungen an sich. Viele Szenen zeigen einen römischen Infanteristen, der im

---

[180] Bishop, 109-112.
[181] Bishop, Abb. 71.1f.
[182] Bishop, 111f.
[183] Coarelli, Taf. 133.
[184] Petersen, Taf. 39b, 75b, 92b.

Kampf die Lanze im Überhand-[185] oder Unterhandgriff[186] gegen den Feind schwingt. Diese Kampfweise ist allerdings nicht mit der Überlieferten zu vereinbaren[187].

Stabsoffiziere und Dienstgrade

<u>Musiker und Zeichenträger</u>

Es ist auffällig, dass alle *signiferi* prätorianische *signa* tragen[188]. Reguläre Legions*signa* sind nicht zu finden. Ebenso wenig sind *aquiliferi* dargestellt. An Militärmusikern treten mehrere *cornicines* und ein *tubicen* auf.

Bei der Ausrüstung der niederen Dienstgrade lassen sich die gleichen Maßstäbe wie bei der Trajanssäule anwenden.

Die *signiferi* tragen entweder *lorica hamata* oder *lorica squamata*. Doch in jedem Fall hebt sie das Tierfell, dass sie auf dem Helm tragen von den regulären Soldaten ab[189].

Die Ausrüstung der *vexillarii* orientiert sich an der Truppe, deren *vexillum* sie tragen[190].

Auf den vier Darstellungen von Militärmusikern tragen sie drei Mal[191] Tierfelle auf dem Helm und ein Mal[192] taucht ein *cornicen* mit Helm ohne Tierfell auf.

---

[185] Petersen, Taf. 42b.
[186] Petersen, Taf. 50a.
[187] Veg II, 17.
[188] Zur Unterscheidung der *signa* siehe 1.5.1.
[189] Petersen, Taf. 11a, 16a, 63b.
[190] Petersen, Taf. 11a, 28b, 77b.
[191] Petersen, Taf. 11a, 39a, 107b.
[192] Petersen, Taf. 40b.

Stabsoffiziere

Die *crista transversa* als Erkennungszeichen der *centuriones* habe ich weiter oben schon beschrieben[193]. Da eine solche Helmdekoration auf der Marcussäule nicht auftritt, gibt es auch hier keinen *miles,* der deutlich als *centurio* erkennbar ist.

Wie schon auf der Trajanssäule tritt auch hier der *princeps* stets in Begleitung von Stabsoffizieren auf. Allerdings ist in keiner Szene ein Offizier mit Rüstung zu finden. Vielmehr gehört das *sagum* stets zu ihrer Tracht. Diese besteht weiterhin aus *feminalia* und entweder *calcei equester*[194] oder *calcei senatorii*[195]. Allein der Kaiser trägt in einigen Szenen einen Muskelpanzer[196].

Fazit zur Marcussäule

Die Marcussäule als direkter Abkömmling der Trajanssäule hat nicht nur zahlreiche Dekorationsprinzipien vor seinem Vorgänger übernommen, sondern auch die Figuralen Gestaltungselemente des Säulenschaftes. Der einzige größere Unterschied ist die Verwendung der *lorica squamata* für römische Soldaten. Im Detail jedoch gibt es einige Unterschiede, deren Darstellung sichtbar von der Trajanssäule abweicht. Dabei meine ich vor allem die Beachtung der veränderten Ortbänder und der vergrößerten Brustplatten der *lorica segmentata*. Aufgrund der relativ großflächigen Ausarbeitung des expressiven Stils[197], war es nicht ohne weiteres möglich und auch nicht nötig, bestimmte Details, wie *cingulum*schmuck lebensecht wieder zu geben. Andere Objekte, wie die Schilde, *hastae, casseis, loricae hamatae* und *loricae squamatae* sind der zeitgenössischen Kunst

---

[193] Siehe 1.5.2.
[194] Petersen, Taf. 27a.
[195] Petersen, Taf. 16a.
[196] Petersen, Taf. 30a, 33b.
[197] Jordan-Ruwe, 85.

oder dem berühmten Vorbild aus der Zeit Trajans entlehnt. Dadurch ergibt sich am Ende eine Mischung aus traditionellen, der Kunst entlehnten Elementen und solchen, die an die zeitgenössischen Originale angelehnt sind. Nur durch Betrachtung des Säulenfrieses jedoch offenbart sich diese Zweiteilung nicht. Damit schließt sich die Beurteilung des Quellenwertes der Marcussäule der der Trajanssäule an. Sie ist ein Staatsmonument zur Erinnerung an die Leistungen von einem der *optimi principi* sowie auch Propagandainstrument in einem. Ihre Soldatendarstellungen zeigen eine künstlerisch verzerrte Wirklichkeit und sind damit nur sehr wenig zur detaillierten Rekonstruktion der Ausrüstung der Legionäre zur Zeit des Marcus Aurelius geeignet.

Der Bogen des Septimius Severus in Rom

Bau der Bogens und Erhaltungszustand der Reliefs

Etwa zehn Jahre nach Fertigstellung der Marcussäule wurde der Bogen des Septimius Severus auf dem *forum romanum* vollendet[198]. Der zwischen 197 und 199 geweihte Bogen[199] zeigt in vier Relieftafeln militärische Szenen aus beiden Kriegen gegen die Parther. Im Zentrum stehen dabei die Kämpfe um die Städte Nisibis, Osroene, Seleukia und Ktesiphon[200]. Diese Kämpfe sind auf vier Bildfeldern dargestellt, die den Hauptteil der figuralen Ausgestaltung des Bogens liefern. Für uns von Interesse sind noch die unterhalb der Bildfelder verlaufenden Friese. Die Darstellungen auf den Sockeln der vorgestellten Säulen sind für unsere Betrachtungen nicht von Bedeutung.

Der Erhaltungszustand der wichtigen Reliefs ist leider überaus schlecht[201]. Zwar gibt es ältere Zeichnungen, auf denen noch weit mehr Details erhalten sind, aber ein Vergleich mit den Originalen macht deutlich, dass sie für genaue Untersuchungen unbrauchbar sind[202].

Römische Soldaten

Auf den Relief des Severusbogens begegnen und wieder die gleichen Typen von Soldaten wie schon auf den beiden zuvor behandelten Monumenten.

---

[198] Brilliant, 29.
[199] Andreae, 277.
[200] Coarelli, Rom, 78.
[201] Brilliant, Taf. 5.
[202] Man Vergleiche nur Helme der Soldaten hinter der Belagerungsmaschine auf der Umzeichnung (Brilliant, Taf. 66a) mit dem Original (Brilliant, 67).

Rüstungen

Unter den erhaltenen Soldatendarstellungen finden sich sowohl solche in *lorica segmentata* als auch solche in *lorica hamata*. Allerdings gibt es keinen römischen Soldaten, der erkennbar eine *lorica squamata* trägt. Die Verteilung der Rüstungen ist wieder entsprechend der vorherigen Denkmäler. Auch wenn uns die Umzeichnungen etwas anderes glauben machen wollen[203], liegt die Hauptlast des Kampfes wieder auf den Soldaten in *loricae hamatae*. Wo dieser Rüstungstyp noch gut erkennbar ist, zeigt er das uns schon bekannte Bild mit alternierenden Rändern und ohne erkennbare Schulterverstärkung[204].

Die *lorica segmentata* lässt sich auf den vier großen Reliefplatten nicht finden. Dafür ist sie in den Friesen darunter dargestellt[205]. Dort ist ihre Wiedergabe nur äußerst schematisch und zeigt keinen Bezug zur Realität mehr.

Helme

Die im Kapiel über die Helme der Legionäre auf der Trajanssäule als Helmtypen eins und zwei definierten Formen sind erneut zu finden[206]. Mangels Soldaten in *lorica segmentata* ist jedoch die These, diese würden vermehrt Typ eins tragen, nicht behandelbar. Auch treffen wir wieder beide Arten des Helmschmuckes an, den Ring und den Helmbusch[207]. Gleich bleibend ist auch, dass sich

---

[203] Die Mehrheit der Soldaten, die in den Zeichnungen von Bartoli *loricae segmentatae* tragen, waren auf den Reliefs ursprünglich mit *loricae hamatae* ausgerüstet, wie der Vergleich von Zeichnung (Brilliant, Taf. 86a.) und Original (Brilliant, Taf. 87.) deutlich macht.
[204] Brilliant, Taf. 78c.
[205] Brilliant, Taf. 45a, 46a, 46b.
[206] Typ eins: Brilliant, Taf. 46b, 93b. Typ zwei: Brilliant, Taf. 77, 78c.
[207] Beide Helmschmuckvarianten nebeneinander auf: Brilliant, Taf. 68. – Detail: Brilliant, Taf. 74.

beide Helmtypen wieder nicht mit zeitgenössischen Originalen identifizieren lassen.

Schilde und Waffen

Durch den katastrophalen Erhaltungszustand sind auf den Hauptreliefs nur wenige römische Soldaten übrig geblieben, die einen erkennbaren Schild tragen[208]. Der Fries zeigt noch einige Darstellungen[209]. Das hochrechteckige *scutum*, dessen Verteilung schon auf der Marcussäule ohne System geschah, ist nun vollends aus der Darstellung verschwunden. Geblieben ist der runde Schild, dessen Griff wie gewohnt falsch dargestellt wird[210].

An Waffen hat der Verfall außer wenigen *hastae* nichts übrig gelassen[211]. Ihre Wiedergabe ist sehr schematisch und stilbedingt unrealistisch. Wir finden keine Schwerter in den Reliefs. Nur wenige Schwertscheiden künden von ihrer Existenz[212]. Sie werden mit einem Schwertgurt über der Schulter getragen, was nicht mehr der historischen Realität entsprochen haben dürfte[213].

Bekleidung

Auf dem Severusbogen trägt der Soldat weiterhin die typischen Kleidungsstücke, die uns schon von den vorhergehenden Reliefs bekannt sind. Das sind die *caligae, feminaliae, focalia* und *tunicae*. Soldaten in *lorica hamata* sind deutlich sichtbar mit allen bekleidet, aber bei ihren Kameraden in *lorica segmentata* lässt sich nicht sagen,

---

[208] Brilliant, Taf. 78c, 93a, 94a, 95b.
[209] Brilliant, Taf. 45af, 46a-c, 47af, 48bf.
[210] Brilliant, Taf. 48c, 85a.
[211] Brilliant, Taf. 68, 90a.
[212] Brilliant, Taf. 85af.
[213] Bishop, 112, 126.

ob sie neben der *tunica* auch *caligae* und *feminalia* tragen. *Focalia* hingegen tragen sie deutlich erkennbar nicht[214].

Die Kleidung entspricht damit nicht der zeitgenössischen Realität. Zwar muss man den Truppen, die in der Hitze des arabischen Raumes im Einsatz waren, einige Zugeständnisse machen. So waren *caligae* sicher angenehmer zu tragen als geschlossene Schuhe und auch *feminaliae* waren, ob der Wärme, eher unangenehm als nützlich, aber bei den übrigen Truppen im römischen Reich gehörten die *feminaliae* zur Kleidung[215]. *Caligae* hingegen waren weitgehend außer Gebrauch gekommen und durch geschlossenes Schuhwerk ersetzt[216].

Obwohl man keine Soldaten in Rüstung mit *saga* auf den Reliefs finden kann, trug man sie doch weiterhin als Wetterschutz[217].

Die *cingula* waren zwar einem Wandel unterworfen, aber doch weiterhin Teil der Ausrüstung eines römischen Soldaten[218]. Dieser Umstand findet in den Darstellungen auf dem Severusbogen keine Beachtung.

Dienstgrade und Stabsoffiziere

Stabsoffiziere sind als Begleiter des *princeps* auf den Reliefs wiedergegeben. Sie tragen neben *feminaliae* und *tunicae* das *paludamentum*[219]. Die Art ihrer Schuhe lässt sich nicht erkennen.

An niederen Dienstgraden sind nur noch einige *signiferi* und *vexillarii* dargestellt. Auch sie tragen, wie die Stabsoffiziere, keine militärische Ausrüstung mehr. Die *signiferi* hat man sogar ihrer Fellhaube beraubt. Sie sind nur noch durch die Legions*signa*

---

[214] Brilliant, 46a.
[215] Bishop, 119, 153.
[216] Bishop, 119, 155.
[217] Bishop, 153.
[218] Bishop, 119, 151-153.
[219] Brilliant, Taf. 80a.

gekennzeichnet, die sie tragen[220]. Prätorianische *signa* sind nicht aufzufinden[221].

Fazit zum Severusbogen

Da zwischen dem Bau der Marcussäule und dem des Severusbogens gerade einmal zehn Jahre vergangen waren, können wir annehmen, dass das Erscheinungsbild des römischen Heeres zu den jeweiligen Zeiten beinahe identisch gewesen sein dürfte. Allenfalls die unterschiedlichen Klimatischen Verhältnisse der Kriegsschauplätze werden einige Unterschiede in der Ausrüstung zur Folge gehabt haben. Dabei denke ich vor allem an das Tragen von *feminaliae* oder *loricae segmentatae,* die wegen der fehlenden Luftzirkulation und der starken Erhitzung in der Sonne meiner Meinung nach sehr unangenehm zu tragen war.

Die Darstellungen der Soldaten auf den Reliefs weisen eine Enge Beziehung zu denen auf der Marcussäule auf und damit auch zu denen auf der Trajanssäule. Die horizontalen Trennlinien auf den Hauptfeldern wiederholen die Szenenabfolge, die den Säulen zueigen ist. Da nun die Marcussäulenreliefs schon wenig mit der Realität zu tun hatten[222], ist es nur logisch, dass der Severusbogen uns ebenso wenig die zeitgenössische Wirklichkeit widerspiegelt. Vielmehr bringt der blockhaft summarische, derbe Stil eine noch extremere Realitätsverzerrung mit sich. Abgesehen vom äußerst schlechten Erhaltungszustand der Reliefs ist der Severusbogen als Quelle für die Ausrüstung der römischen Soldaten um 200 kaum zu gebrauchen.

---

[220] Brilliant, Taf. 62a, 80a.
[221] Zur Unterscheidung der verschiedenen *signa* siehe 1.5.1.
[222] Siehe 2.5.

Zusammenfassung und Endbetrachtung

Die drei behandelten Monumente bilden eine evolutionäre Reihe, die die Entwicklung der stadtrömischen Reliefkunst repräsentiert. Dabei griffen die Künstler stets auf die gleichen Elemente zurück und beachteten nur selten die Entwicklung der Ausrüstung der Soldaten. Die Trajanssäule als das erste behandelte Monument zeigt noch die deutlichsten Bezüge zur Realität auf, ist jedoch gleichzeitig auch das künstlerisch anspruchsvollste Werk. Daher wurden einige Details, wie der Aufbau der *lorica segmentata,* zu Dekorationsformen umgebildet. Auf der Marcussäule haben die Künstler schon etwas genauer hingesehen und viele Elemente realistischer dargestellt. Jedoch bringt der expressive, stark plastische Stil eine gewisse Ungenauigkeit mit sich. Der Severusbogen als letztes Denkmal zeigt nur noch übernommene Formen von Ausrüstungen. Wohl haben die Künstler sich die berühmten Vorgängerbauten genau angesehen, aber keinen Wert auf weitgehende historische Richtigkeit gesetzt. Somit ist der Quellenwert aller drei Monumente für die Ausrüstung der römischen Soldaten zu ihrer jeweiligen Zeit zwar unterschiedlich, aber in jedem Falle recht niedrig.

Die groben Darstellungsmuster lassen uns den römischen Legionär oder Hilfstruppensoldaten zwar erkennen, aber im Detail haben die Reliefs leider nur wenig mit den Realien der jeweiligen Zeit gemein. Realistische Darstellungen und künstliche Fantasieobjekte treten bunt gemischt nebeneinander auf. Nur mit der Kenntnis der Reliefs, ohne andere Quellen hinzu zu ziehen, wäre es uns also unmöglich einen realistischen Eindruck von der Ausrüstung der römischen Soldaten in der Zeit von 100 bis 200 zu gewinnen.

Abgekürzte Literatur:

Andreae:	B. Andreae, Römische Kunst, Freiburg 1973.
Anderson:	S. Anderson, Roman military tombstones, Haverfordwest 1984.
Brilliant:	R. Brilliant, The arch of Septimius Severus in the Roman forum, Rom 1967.
Florescu:	F. Bobu Florecsu, Das Siegesdenkmal von Adamklissi, Bonn 1965.
Bode:	R. Bode, Untersuchungen zur Ideologischen Funktionalität der Trajanssäule in Rom, Diplomarbeit Halle 1989, 57f.
Bottini:	A. Bottini u. a., Antike Helme, Sammlung Lipperheide und andere Bestände des Antikenmuseums, Berlin 1988.
Coarelli, Rom:	F. Coarelli, Rom – ein archäologischer Führer, Mainz 2000.
Coarelli:	F. Coarelli, The column of Trajan, Rom 2000.
Couissin:	P. Couissin, Les armes Romaines, Paris 1926.
Gilliver:	K. Gilliver, Auf dem Weg zum Imperium, Stuttgart 2003.
Jordan-Ruwe:	M. Jordan-Ruwe, Das Säulenmonument – Zur Geschichte der erhöhten Aufstellung antiker Porträtstatuen, in: Asia Minor Studien 19, Bonn 1995.
Junkelmann:	M. Junkelmann, Die Legionen des Augustus, Mainz 1986.
Le Bohec:	Y. Le Bohec, Die römische Armee, Stuttgart 1993.
Löhr:	H. Löhr, Die Marcussäule als propagandistische Reaktion auf Krisenerscheinungen im Verlaufe der Donaukriege des Kaisers Marcus Aurelius bis zum Jah 180 u.Z., Diplomarbeit Halle 1989.
Petersen:	E. Petersen, Die Marcus-Säule auf Piazza Colonna in Rom, München 1896.
Schrempf:	C. Schrempf, Weisheit und Weltherrschaft – Kaiser Marc Aurel in seinen Bekenntnissen, Berlin 1938.
Strobel:	K. Strobel, Untersuchungen zu den Dakerkriegen Trajans, Bonn 1984.
Wilson:	L. M. Wilson, The clothing of the ancient romans, Baltimore 1938.

Bildquellen:

Fotos von Michael Zerjadtke. Trajanssäule: Abgüsse im Museo della Civiltà Romana in Rom, Marcussäule und Severusbogen: vor Ort entstanden.

Trajanssäule

Kaiser Trajan und hohe Offiziere

Kaiser Trajan und hohe Offiziere, Liktor mit Fasces (Rutenbündel)
im Hindergrund

Legioäre auf dem Schlachtfeld, Geschütze im Hindergrund

Legionäre ohne Helme und Waffen bei Bauarbeiten

Hilfstruppen beim Angriff

Hilfstruppen mit unterlegenem Daker

Panzerreiter in römischen Diensten

Vermutlich orientalische Bogenschützen in römischen Diensten

Feldzeichenträger mit signa, Offizier und Legionären

Trajan vor belagerter Stadt

Marcussäule

51

Severusbogen

Fries der nördlichen Westseite

Fries der südlichen Westseite

Fries der südlichen Ostseite des Severusbogens

Fries der nördlichen Ostseite des Severusbogens

Fries mit gefangenen Parthern auf Sockel unter vorgelagerter Säule

Fries mit gefangenen Parthern auf Sockel unter vorgelagerter Säule